CATALOGUE

DES

DESSINS ET ESTAMPES

DU

CABINET DE M. ATGER.

VINCHON, fils et successeur de Mme. Ve. BALLARD,
Imprimeur, rue J.-J. Rousseau, No. 8, à Paris.

CATALOGUE

D'UNE NOMBREUSE COLLECTION

DE

DESSINS ANCIENS,

ET

ESTAMPES ANCIENNES ET MODERNES,

GRAVÉES A L'EAU-FORTE ET AU BURIN,

Par et d'après les plus grands Maîtres des Écoles d'Italie, d'Allemagne, de Flandre, de Hollande, d'Angleterre et de France ;

ŒUVRES, RECUEILS D'ESTAMPES, GALERIES, CABINETS, LIVRES A FIGURES,

Provenant du Cabinet de M. ATGER, de Montpellier.

Cette Collection sera vendue aux enchères,
*Le lundi 7 avril 1834, et jours suivans,
six heures très-précises du soir,*

A L'HOTEL DES COMMISSAIRES-PRISEURS,

PLACE DE LA BOURSE, N°. 2,

(SALLE N°. 5).

Exposition générale le dimanche 6 avril, de midi à quatre heures ; et le matin de chaque vacation, de midi à deux heures, seront exposés les articles qui seront vendus le soir.

LE PRÉSENT CATALOGUE SE DISTRIBUE A PARIS,

CHEZ MM. { DERBANNE, Commissaire-Priseur, faubourg Montmartre, cité Bergère, N°. 2 ;
DEFER, M^d. d'Estampes, quai Voltaire, N°. 19.

1834.

ORDRE DES VACATIONS.

1re. Vacation,

Lundi 7 avril, N°s. 361—362 partie.
281—295 portraits.
273—280 *D^o*.
1— 59 dessins.

2e. Vacation,

Mardi 8 avril, N°s. 361—362 partie.
340 — 360 recueils.
296 — 339 *D^o*.
246 — 271 estampes, école française.
220 — 245 est., école flamande.

3e. Vacation,

Mercredi 9 avril, N°s. 361—362 partie, 195—209 école d'Italie, et n°s. 61, 63, 67—71, 74, 75, 77,
78, 80—83, 92, 94, 99, 100, 102, 103,
106, 107—110, 113, 115—120, 125,
126, 130, 132—134, 136, 138—143,
145, 146, 148, 153, 154, 156—159,
161—164, 166, 167, 178, 178 *bis*, 181—
183, 186—189, 192, 193, 194.

4e. Vacation,

Jedi 10 avril, N°s. 361—362 partie, 210—119 école d'Italie,
et n°s. 62, 64—66, 72, 73, 76, 79, 84—
91, 93, 95—98, 101, 104, 105, 111,
112, 114, 121—124, 127—129, 131,
135, 137, 144, 147, 149—152, 155, 160,
165, 168—177, 179, 180, 184, 185,
190, 191.

AVERTISSEMENT.

Une vive passion pour les arts, des connaissances étendues ont guidé le propriétaire de cette collection dans son choix. Commencée d'abord sans plan autre que celui de posséder quelques productions des artistes de divers pays, M. ATGER avait recueilli des dessins ; mais arrêté par la difficulté d'accroître sa collection selon l'ardeur de ses desirs, il pensa y joindre des estampes : alors son goût devait naturellement se porter sur les eaux-fortes de peintres, comme productions éminemment originales et à l'égal des dessins ; il y réunit un grand nombre d'estampes d'après les tableaux les plus remarquables des plus grands peintres des diverses écoles, des œuvres de maîtres, et cabinets célèbres de tableaux et dessins dans divers pays.

Nous avons été assez heureux de pouvoir compléter cette collection dans son ensemble, en y réunissant une partie qui lui manquait : c'est un choix d'estampes capitales de graveurs au burin, anciens et modernes, les plus célèbres en Italie, en Flandre, en France et en Angleterre, la plupart premières épreuves, dont un de nos amateurs a bien voulu nous confier la vente, et dont il ne se défait que pour cause de départ.

Dans le classement des dessins qui se trouvent décrits dans ce catalogue, nous avons conservé les noms des maîtres auxquels M. ATGER avait attribué chaque dessin. Nous rappelons, du reste,

MM. les amateurs que la plupart de ces dessins proviennent des ventes de cabinets en réputation, tels que ceux de *Pelletan de Marseille*, de *Lagoy*, de *Silvestre*, etc.

Les estampes proviennent également des cabinets Silvestre, Rigal, Potowski, Prévot, etc., etc.

Les noms sont classés par ordre alphabétique, et les réunions de plusieurs maîtres par école.

Et sont employées les abréviations suivantes :

Est.	*pour* estampes.
Épr.	épreuve ou épreuves.
Prem. épr.	première épreuve.
Tabl.	tableau ou tableaux.
D'apr.	d'après.

Les numéros entre parenthèses sont ceux qui se rapportent au catalogue du Peintre-Graveur, par *Adam Bartsch*.

L'astérique (*) placée près des numéros indique les estampes encadrées.

CATALOGUE

DES

DESSINS ET ESTAMPES

DU

CABINET DE M. ATGER.

DESSINS.

BARBIERI, dit LE GUERCHIN (*Giovanni-Francesco*).

1 — Quatre dessins à la plume et au bistre, sujets et paysages.

BELLA (*Stefanino-Della*).

2 — Quatorze dessins, croquis et petites figures, dessins à la plume.

BOUCHARDON (*Edme*).

3 — Soixante-neuf dessins au crayon rouge et à la sanguine, études de têtes et figures académiques; de ce nombre plusieurs par *Fragonard père*.

BRÉENBERG (*Bartholomé*).

4 — Quinze études lavées à l'encre et au bistre, paysages, fragmens de ruines, etc.

CARRACHE (*Lodovico, Agostino* et *Annibale*, les)

5 — Soixante-sept dessins, croquis de sujets, études de têtes et figures académiques, charges, costumes, etc., à la plume, au bistre, à la sanguine ou à la pierre noire. Cet article sera divisé.

CAMBIASI, dit le Cangiage (*Luca*).

6 — Onze dessins à la plume, différentes compositions et études.

DEMARNE (*Jean-Louis*).

7 — Dix dessins à l'encre de Chine, au crayon noir et à la sanguine, paysage, études d'animaux, etc.

GALLI, dit Bibiena (*Ferdinando*).

8 — Vingt-quatre dessins d'architecture, ornemens, décorations, etc.

GRIMALDI, dit le Bolognese (*Giovanni-Francesco*).

9 — Etudes de paysage, quatorze dessins à la plume.

LARUE (*Louis de*).

10 — Seize dessins à la plume, quelques-uns lavés au bistre, batailles, sujets mythologiques, bacchanales, etc.

LEBRUN (*Charles*).

11 — Etudes, sujets, figures et têtes, trente-quatre dessins au crayon noir ou à la sanguine, à la plume, lavés au bistre et à l'encre, et coloriés.

LESUEUR (*Eustache*).

12 — Quinze dessins, études de figures drapées.

LIANNO, *dit* le Napolitain (*Filippo di*).

13 — Quarante dessins à la plume, lavés à l'encre et au bistre, batailles, études de figures, de cavaliers, de chevaux, etc., etc.

MOLA (*Pietro-Francisco*).

14 — Douze dessins, compositions, figures académiques, têtes, caricatures et croquis.

OUDRY (*Jean Baptiste*).

15 — Études, paysages, figures et animaux, trente-trois dessins, pastels, esquisses à l'huile, etc.; de ce nombre quelques morceaux par *Desportes*. Deux lots.

PARROCEL (*Charles*).

16 — Quarante-un dessins à la plume , lavés à l'encre et au bistre , costumes militaires, batailles , etc. ; de ce nombre, quelques-uns par *Martin des Gobelins*. Deux lots.

PRUDHON (*Pierre Paul*).

17 — Étude de femme nue, d'après nature ; dessins au crayon noir et blanc sur papier bleu.

18 — Portrait d'homme au pastel , par *Prudhon*.

REMBRANDT (*Paul van Rhyn*).

19 — Cimon allaité dans la prison par sa fille ; un philosophe dans son cabinet, assis et livré à la méditation , et deux autres compositions ; quatre dessins à la plume et au bistre.

RENI *dit* LE GUIDE (*Guido*).

20 — Quatorze dessins, la plupart à la plume , quelques-un lavés au bistre ; croquis, sujets, têtes , etc.|

SANZIO *d'Urbin* (*Raffaëllo*).

21 — Une esquisse peinte en grisaille sur papier ; cette composition de plusieurs figures , attribuée à Raphaël, provient du cabinet, *Plom van Asteal* dont elle porte le cachet.

SUBLEYRAS (*Pierre*).

22 — Quinze dessins , études de figures drapées , etc., au crayon noir et blanc ; plusieurs de ces dessins mêlés de pastels.

SUEBACK *dit* DESFONTAINE (*Jacques-Louis*).

23 — Onze dessins à la plume, lavés à l'encre, sujets de batailles , campemens, etc.

ULFT (*Jacques Van-Der*).

24 — Deux intérieurs et une vue prise sur le bord d'un fleuve composition ornée d'un grand nombre de figures ; trois dessins à la plume , lavés à l'encre.

VAGA *dit* BONACORSI (*Perino-del*).

25 — Vingt-un dessins et croquis à la plume, plusieurs lavés au bistre, ornemens, trophées arabesques, décorations d'appartemens, etc., etc.

VAEL (*Cornille de*).

26 — Différentes compositions ; scènes militaires, etc., *six dessins* au bistre.

VANNI *dit* VANNIUS (*Francesco*).

27 — Huit dessins à la pierre noire et à la plume, lavés au bistre, sujets de vierges, de saints, *ex voto*, etc., etc.

WILLE fils (*George*).

28 — Douze dessins à la plume, têtes et sujets divers.

DESSINS par et d'après les Maîtres des Écoles d'Italie, d'Allemagne, de Flandre, de Hollande et de France.

ÉCOLE D'ITALIE.

29 — Bélisaire, dessin à la plume et lavé à l'encre de Chine, par un ancien maître.

30 — Cent dessins, diverses compositions, figures, têtes, paysages, monumens, ruines, sujets sacrés et profanes, par et attribués à *Raphaël*, *J. Romain*, *Dominiquin*, *Palme*, *Polidore*, *Benedette*, *Nicolo*, *Tempesta*, *P. Testa*, *L. Jiordano*, *Franco*, *S. Rosa*, *Tiépolo*, *A. Sacchi*, *Cellini*, *Dughet*, *Panini*, *Zuccharo*, *Caldara*, et *Vitelli*. Cet article sera divisé

31 — Soixante-quatorze dessins, diverses compositions, sujets de l'Histoire sacrée et profane, études, etc., par *Ansaldi*, *Albane*, *Biscaino*, *Bandinelli*, le *Baroche*, *Baglione*, *Creti*, *A. del Sarte*, *Cigoli*, *Cirro Ferri*, *P. de Cortone*, *Farinati*,

Ferrari, *Genaso*, *Gondalfi*, *Parmesan*, *Passaroti*, *Liola*, *Maturino*, *Pontormo*, *Alexandre* et *Paul Véronèse*, *Strada*, *Spada*, *C. Maratte*, *Schiavone*, *Setti*, etc. Cet article sera divisé.

32 — Quarante-trois dessins à la plume, grotesques et caricatures, par *Ghezzi*.

ÉCOLES D'ALLEMAGNE, DE FLANDRE ET DE HOLLANDE.

33 — Onze dessins à la plume, deux marqués du monogramme d'*Albert Durer*, autres par *Aldegraver*, *Graaf*, *L. Lombart*, *Kobell*, et autres maîtres allemands.

34 — Soixante-quinze dessins, paysages, marines et sujets de genres par et attribués à *Béga*, *Quast*, *Van-Dick*, *Van-Helmon*, *Witt*, *Coques*, *Bramer*, *Vexsacht*, *G. de Lairesse*, *Rottenhamer*, *Huis-Pol*, *Van-Huysum*, *Vander-Meulen*, *Vander-Doës*, *Pinaker*, *Van-Goyen*, *Van-Derneer*, *Both*, *Ruysdaël*, *Van-de-Velde*, *Bakhuysen*, *Rogman*, *Fouquières*, etc., etc. Cet article sera divisé.

35 — Sujets de genre, paysages, marines, études, animaux, batailles, etc., etc., soixante-un dessins à la plume, à l'encre de Chine, au bistre et à plusieurs crayons, par et d'après *Binck*, *Breughel*, *Bril*, *Cabel*, *Genoels*, *Flamen*, *Flinck*, *Saft-Leven*, *Lingelback*, *Hoet*, *Metzu*, *Van-Orley*, *Jordaens*, *Champagne*, *Schut*, *Roos*, *Teniers*, *Weschuring*, *Snayers*, *Netys*, *Quellyn*, etc., etc. Cet article sera divisé.

36 — Trente-six dessins à la plume, par *Goltzius*, *Spranger*, *De Bruyn*, *De Gheyn*, *Bloëmaert* et *Hemskerk*.

37 — Cinquante-deux dessins de divers maîtres de l'école flamande.

ÉCOLE DE FRANCE.

38 — Vingt-quatre dessins, ornemens, figures drapées, portraits, sujets, par *M. Corneille*, *Et. Delaulne*, *J. Goujon*, *Jouvenet*,

Boullongne, *Mignard*, *Rigaud*, *Nanteuil*, *le Puget*, etc., etc.

39 — Trente-six dessins, études et sujets de l'Histoire sacrée et profane, par *Coypel, Loir, Lahyre, Chauveau, Natoire, Le Pautre, Vouet, Vanloo* et *Restout.*

40 — Trente-sept dessins, paysages et études, par et d'après *N. Poussin, Millet, Cl. le Lorrain, F. de Neue, Lahyre, Baudouin, Manglard,* etc., etc. Deux lots.

41 — Trente dessins à la plume, lavés à l'encre et au bistre, paysages et vues diverses, par *Callot, Leclerc, J. Silvestre, Perelle, Patel,* etc., etc. Deux lots.

42 — Seize dessins par *Boucher, Pierre, Ozanne, Noel, Duplessis Bertaux.*

43 — Quarante-six dessins, trophées, ornemens, bacchanales, études académiques et autres sujets divers, par *Meynier, Caresme, Vailly, Lafosse, Sané, Silvestre, Lemoyne, Barthelemy,* etc., etc.; et quelques esquisses à l'huile par *Vien, Lafosse* et *Menageot.* Deux lots.

44 — Quarante-sept dessins à la plume, au crayon noir, à la sanguine, sujets divers, par *Callet, Gillot, Desrais, Dieu, Lagrenée, Robert, Vincent, Vassé, Lépicié, Lavallée Pousin,* etc., etc. Deux lots.

45 — Trente-six dessins; études d'animaux, par *Huet* et autres artistes.

46 — Quarante-sept dessins, études, paysages, etc., par divers artistes de l'école française.

47 — Vingt dessins, ornemens de plafonds, etc.

48 — Soixante-deux dessins à la plume, lavés au bistre, à l'encre et coloriés, ornemens arabesques, etc., etc.

49 — Cinquante-six dessins de divers maîtres.

DESSINS EN RECUEILS.

50 — Cent cinquante dessins environ, par des maîtres des trois écoles; le tout contenu dans un vol. in-4°. obl., mar. vert., tr. dor.

51. — Cent soixante-dix dessins à la plume, d'après les statues, bas-reliefs et ornemens antiques, par *B. Franco ;* contenus dans un vol. in-fol. , mar. rouge, tr. dor. Ce vol. provient du cabinet de M. *Pelletan de Marseille.*

52 — Cinquante-six dessins, esquisses et croquis, par *Jean-Baptiste* et *Dominique Tiépolo ;* contenus dans un vol. in-fol. , mar. rouge , tr. dor., riche dentelle.

53 — Soixante-quinze dessins, études et croquis, faits à la plume, par *Raymond Lafage ;* contenus dans un vol. gr. in-fol. , mar. rouge, riche dentelle , tr. dor.

54 — Deux cent quatre-vingts dessins à la plume , études , croquis, etc.. par *R. Lafage ;* le tout contenu dans quatre vol. petit in-fol. mar. rouge. Cet article sera divisé.

55 — Histoire d'Alexandre-le-Grand, en cent dix dessins au crayon noir et blanc, sur papier de couleur , par *Verdier;* deux vol. in-fol. obl. , dem.-rel.

56 — Histoire romaine, en quatre-vingt-six dessins au crayon noir et blanc, sur papier de couleur, par *Verdier;* deux vol. petit in-fol. obl. , dem. rel.

57 — Un vol. contenant quarante-trois dessins , études de figures drapées, académies , etc., par *Verdier;* un vol. in-fol. dem.-rel.

58 — Recueil d'études faites d'après nature , par *Anne Castellis,* épouse de G. Moitte, sculpteur, et son portrait, par *Pallière* jeune , en 1809 ; deux cents dessins à la plume , contenus dans un vol. in-fol. , mar. vert , tr. dor.

59 — Cent quarante-huit dessins à la plume, au lavis, à l'encre de Chine et au bistre, dont : ornemens et bas-reliefs par Moitte, sculpteur; études de figures, par *Moitte,* peintre, et Mme. *Moitte;* fleurs par *Vanspaendonck;* paysages, par *Taunay;* dessins d'architecture et de sculpture, par *Giraud, Stouf, Lagrenée, Peyre, Cherpitel;* deux études de têtes, dessins à la plume, par *L. David;* deux dessins de médailles, par *Gatteaux* père et M. *Gatteaux* fils. Le tout réuni dans un vol. in-fol. en mar. v. fil. tr. dor.

Ces deux vol. proviennent de la vente de M. Moitte, sculpteur.

ESTAMPES.

AKEN (*Jean Van*).

60 — Les voyageurs à cheval (17), paysages d'ap. Herman Sast-
leven (18 à 20). Ces quatre pièces, gravées à l'eau-forte ; en
double le n°. 17. Cinq est., anc. épr.

ANDERLONI (*Piétro*).

61* — La femme adultère, d'après le tabl. du Titien. Est. en larg.,
anc. épr.

ALMELOVEN (*Jean*).

62 — Différens petits paysages (27 à 32, 34 à 36), gravés à l'eau-
forte. En double les nᵒˢ. 30, 31, 34 et 36 ; en tout, quatorze
pièces.

AUDRAN (*Gérard*).

63* — La femme adultère, d'apr. le tabl. de N. Poussin, au
Musée Royal. Est. en larg.

> Prem. et très-belle épr. avant les points placés dans la marge
du côté droit de l'estampe.

64 — Le baptême. Coriolan, Pyrus : ces trois sujets, de deux
feuilles chaque, d'apr. N. Poussin ; fuite en Egypte, d'apr.
Verdier ; saint Agnès, d'apr. le Dominiquin ; et les sept Sa-
cremens, d'apr. N. Poussin : ces dernières par *Jean* et *Benoît
Audran*. Quinze pièces.

65 — Le martyre de saint Laurent, la maladie d'Alexandre,
par *J.* et *B. Audran*, etc. Huit pièces d'apr. Lesueur.

AUDRAN (*Jean* et *Benoît* les).

66 — Suite dite *les petites batailles d'Alexandre*. Huit pièces
d'apr. Lebrun ; anc. épr.

BAKHUISEN (*Ludorff* ou *Louis*).

67 — *Différentes marines, dites vues de l'Y, bras de mer près
d'Amsterdam* ; suite de dix pièces (1 à 10) grav. à l'eau-forte

par ce maître en 1701; plus le portrait de Bakhuisen, en manière noire.

Prem. épr. avant les numéros aux morceaux ordinairement numérotés de 1 à 7.

BALECHOU (*Jean-Joseph*).

68*— La tempête, d'apr. le tabl. de J. Vernet. Est en larg.   55

Très-belle épr. avant l'orage continué, les contretailles sur l'arc de triomphe, celles sur le rocher à droite de la composition. Dans la dédicace, à droite, à la 4e. ligne, le mot *compagine* pour *compagnie*. Cette est. est remmargée.

BAROCCI (*Frédérico*).

69 — L'Annonciation (1), pièce gravée d'apr. le tabl. peint pour   34
l'église de la Sainte-Vierge de *Loretto*; la Vierge assise (2), Saint-François stigmatisé (3), d'apr. le tableau qui est à Urbin dans l'église des Capucins; saint François dans la chapelle (4), pièce capitale connue sous le nom du *pardon de saint François*, grav. d'apr. le tabl. qui est dans l'église de Saint-François, à Urbin. Quatre est. formant l'œuvre de ce maître; anc. épr.

70 — En double l'Annonciation et saint François dans la cha-   23.50
pelle. Deux est., anc. épr.

BECCAFUMI, *dit* MICARINO (*Domenico*).

71 — Figures académiques, à gauche sur la terrasse *Micarino*;   13
morceau attribué, pour la gravure, à Beccafumi.

BELLA (*Stefanino della*).

72 — Les quatre saisons, la vendange, vues de monumens de Rome, galères, caprices, grotesques, etc. Vingt-sept pièces gravées à l'eau-forte, la plupart sur ses propres dessins.

BERGHEM (*Nicolas*).

73 — La vache qui pisse (2); le troupeau (9); le ruisseau (10); plusieurs suites d'animaux (29 à 56); et deux pièces d'après Berghem, par *Danckerts*. Trente pièces.

BISCAINO (*Bartolomeo*).

74 — La Nativité (7), prem. épr. avant l'adresse de *Daman*; Susanne et les vieillards (4). Deux estampes.

BLOEMART (*Corneille*).

75* — Saint Pierre ressuscitant Tabitte, d'ap. le tabl. du Guerchin. Est. en larg.

(*a*) BOISSIEU (*Jean-Jacques de*).

76 — L'étable (13); le maître d'école (18), épr. à l'eau-forte; fête de village (21), épr. avant l'astérisque; les petits charlatans (22), épr. avant l'astérisque; les petits tonneliers (23), épr. avant l'astérisque; temple du soleil (32); vue du temple de Vesta (34); vue du pont de Lucano (36); vue de l'A-bresle (40); vue de Saint-Andéole (41); vue de la rivière de l'Ain (42), vues du château de Madrid et du champ vert près de Lyon (43, 44), ép. av. l'adresse d'Artaria; pâtre à pied et femme à cheval (70); entrée de forêt (71, 72); vue de mer (80); les petites laveuses (82); six paysages de la suite des dix publiés par Basan (85, 86, 87, 89, 90, 93); la fontaine (96); quatre études demi-fig. et têtes (107); vieillard à barbe blanche et autres études (102); portrait d'après Vandick (126); paysage d'après Berghem (132); le moulin, d'ap. Ruisdaël (136); le champ de blé, d'ap. Ruisdaël (137); un pâtre et un taureau traversant une rivière (138), épr. avant cette ligne, *tiré du cab. de M. de Souchay*; le charlatan, d'ap. K. Dujardin, prem ép. av l'astérisque. En tout trente-sept est., anc. épr. Cet article sera divisé.

BOLSWERT (*Schelte à*).

77 — Le serpent d'airain, d'apr. le tabl. de Rubens. Est. en larg.

> Prem. épr. avec les travaux près des armes raccordés à la plume.

78 Le couronnement d'épines, d'ap. le tabl. de A. Vandick,

(*a*) Pour cet article, les numéros entre parenthèse sont ceux du catalogue du cabinet du comte Rigal, par Regnault de Lalande.

dans la collection du roi de Prusse. Est. en haut., anc. épr. avant les contretailles.

79 — Le berger Argus, Silène, le retour de la chasse, et paysages avec figures. Seize pièces d'après Rubens, anc. épr.

BOLSWERT (*Boëce de*).

80* — Le sacrement de l'Eucharistie, pièce dite la Cène, d'ap. le tabl. de Rubens. Est. en haut., anc. épr. avant l'adresse d'Huberti.

81* — La résurrection de Lazare, d'apr. le tabl. de Rubens. Est. en haut., anc. épr.

BOTH (*Jean*).

82 — Suite de dix paysages, dont quatre en hauteur (1 à 10), gravés à l'eau-forte.

   Trois de ces morceaux (les nos 6, 7 et 8) prem. épr. avant le nom de Both.

— Les cinq sens de l'homme, d'après André Both. Cinq estampes.

BOL (*Ferdinand*).

83 — Saint Jérôme dans la grotte (3); une femme à une croisée, une poire à la main droite (18) Très-belles épr.

BOUT (*Pierre*).

84 — Patineurs et traîneaux sur une rivière glacée; halte de chasseurs (2, 3 et 4); plus le bourg (3), par *S. Vlieger*; vues de jardins, par *Moucheron*. En tout sept pièces à l'eau-forte.

BURGMAIR (*Hans*).

85 — Trente-neuf morceaux de la suite du *Triomphe de l'Empereur Maximilien Ier*, et saint Sébastien. Quarante est. grav. en taille de bois.

BYE (*Marc de*).

86 — Différentes espèces d'animaux, d'ap. Paul Potter; différens ours, d'apr. Marc Gérard, etc. Cent pièces à l'eau-forte.

CABEL (*Adrien Vander*).

87 — Plusieurs suites de paysages et marines. Trente-sept pièces grav. à l'eau-forte, anc. épr.

CANTARINI, *dit* PESAREZE (*Simone*).

88 — Plusieurs compositions du repos en Egypte (2, 3, 4, 5, 6, 7, 8,); de ces sept morceaux, les trois premiers doubles, avant et avec le nom du maître ; Sainte-Famille (9 , 11); la Vierge avec l'Enfant-Jésus (18); saint Jean-Baptiste (23); saint Sébastien (24); le petit saint Antoine de Padoue (26); Mercure et Argus (31), deux épr., une avant l'adresse; la Fortune (34); l'enlèvement d'Europe (3o), deux épr., une avant le nom; vingt-quatre pièces, de ce nombre des doubles et quelques copies. Cet article sera divisé.

CANAL (*Giovanni-Antonio*).

89 — *Vedute altre prese dai luoghi altre ideate da Ant. Canal,* au bas, à la plupart de ces morceaux : *A. Canal f.* Trente-une est. à l'eau-forte, anc. épr.

CALLOT (*Jacques*).

90 — Les supplices, chasse aux cerfs, l'arbre de saint François, le parterre de Nancy, combat de Veillane en 1630 , etc. Six pièces, anc. épr.

CARRACCI (*Ludovico*).

91 — La Vierge de l'an 1592 (1); la Sainte-Vierge aux anges (2); la Vierge de l'an 1604 (3); la Vierge et saint Joseph (4); assomption et fuite en Egypte, d'apr. L. Carrache, *par Brizzi* et autres. Quinze pièces, de ce nombre quelques copies et des doubles; deux lots.

CARRACCI (*Agostino*).

92 — Le jeune Tobie (3); l'*Ecce Homo* (19); le crucifix, d'apr. P. Veronèse (21); Jésus-Christ montré au peuple, d'apr. le Corrège (20); le grand crucifiement, d'apr. le Tintoret (23); original et copie, morceau de trois feuilles; la Sainte-Vierge (3o); Sainte-Vierge, d'apr. Ligozzi (63); Jésus-Christ, la Vierge, saint Jean et les douze apôtres (48 à 62); saint François (65); saint François en extase, d'apr. Vanni (67); saint François recevant les stigmates (68); saint Jérôme (75); saint Jérôme, d'apr. le Tintoret (76); la Sainte Famille avec sainte

Catherine (96); mariage de sainte Catherine (98); le corps mort de Jésus-Christ, ces trois morceaux d'apr. P. Véronèse (102), deux épr.; une est avant *Giacomo Franco formia*.

— Enée sauvant Anchise, d'apr. le Baroche (110); un satyre regardant une femme endormie (112); Pan dompté par l'Amour (116); Mars et les Grâces, Mars renvoyé par Minerve, d'apr. le Tintoret (117-118); l'amour réciproque, les fruits de l'amour (119-120); les deux scènes de théâtre (121-122), épr. avant l'adresse de *Philip. Succhielli*...

Neuf morceaux de la suite nommée en Italie, *le Lascivie dei Carracci* (123, 124, 125, 127, 128, 129, 130, 133 et 135).

Le portrait du Titien (154); Jean-Gabriel Sivel (153). En tout cinquante est., anc. épr. Cet article sera divisé.

93 — Vingt-huit estampes doubles de celles ci-dessus désignées; de ce nombre, quelques copies.

CARRACCI (*Annibale*).

94 — Suzanne surprise dans le bain par des vieillards (1), épr. av. l. l.

95 — L'adoration des bergers (2); le couronnement d'épines (3), épr. av. l'adresse de *Nico. van Aelst*; le Christ Craprarole (4); la Vierge à l'écuelle (9), épr. av. l'adresse de *Nico. van Aelst*; la Vierge accompagnée de l'ange (7); la Vierge à l'hirondelle (8); saint Michel, d'apr. L. Sabatini (12); saint Jérôme (14); saint François d'Assise (15); la Magdeleine pénitente (16); Jupiter et Antiope (17); la soucoupe (18), copie; douze est. anc. épr.

96 — Douze pièces doubles de celles ci-dessus désignées. Cet article sera divisé.

CASTIGLIONE *dit* LE BENEDETTE (*Giovanni Benedetto*).

97 — Sujets de l'Ancien et du Nouveau Testament, marches de figures et d'animaux, bacchanales, fêtes au dieu Pan, allégories, plusieurs têtes d'hommes et de femmes coiffées de

turbans, etc.; à plusieurs de ces morceaux, la date de 1648. Quarante-neuf pièces ; plus trente-quatre pièces d'apr. ces compositions, par différens graveurs; en tout, 83 pièces.

CAYLUS (*Philippe-Claude-Anne de* Thubières, comte de).

98 — Diverses compositions : paysages et études d'apr. les maîtres d'Italie et autres. Cent dix pièces.

DESNOYERS (*M. Auguste-Boucher*).

99* — La Vierge de la maison d'Albe, d'apr. le tableau de Raphaël, qui est actuellement en Angleterre. Est. en haut., épr. av. la lettre.

100* — La Visitation, d'apr. le tabl. de Raphaël, qui appartient au roi d'Espagne. Est. en haut., épr. av. la lettre.

DEMARNE (*Jean-Louis*).

101 — La bergerie, l'abreuvoir, le naufrage, vues de prairies et différentes scènes et lieux champêtres, animés par des figures et des animaux; morceaux gravés à l'eau-forte par ce maître, sur ces compositions. Vingt-deux pièces en un vol. in-fol. cart.

DICK (*Antoine Van*).

102 — Le Christ aux roseaux, le Titien et sa maîtresse, d'après le Titien; deux pièces gravées à l'eau-forte par *A. Van Dick*.

Une seconde épr. du Titien et sa maîtresse, épr. avant l'adresse de *A. B. Enfant excudit*.

103 — Portraits de Lucas Vosterman, épr. avec le fond blanc; Jean Snellincx, Monper; ces trois portraits à l'eau-forte, par *A. Van Dick*, anc. épr.; Christ mort sur les genoux de la Vierge, et portraits de peintres, d'après *Van Dick*. Huit est.

DIETRICH ou **DIETRICY** (*Christian-William-Ernest*).

104 — Différens sujets de l'Histoire sainte, sujets de la fable, paysages, scènes pastorales, compositions diverses à l'imitation de C. Poelenburg, Salvator Rosa, Teniers, Ostade, Jordaens; à la plupart de ces morceaux, le nom de *Dietrich fec.*, 1730 à 1765. Soixante-sept pièces, compris le titre et le

portrait de Dietrich, peint par lui-même et gravé par *Schmuzer* en 1765. Un vol in-fol. cart.

105 — Saint Jacques prêchant dans un village ; pr. épr. avant *Dietrich*, 1740 ; le titre, de l'œuvre de Dietrich, épr. avant la lettre ; l'enfant prodigue chez un fermier, jeunes filles à l'entrée d'une caverne, paysage avec ruines, etc. Sept pièces, anc. épr.

DUJARDIN (*Karel*).

106 — L'œuvre de ce maître en cinquante-deux pièces (1 à 52), gravées à l'eau-forte en 1652 à 1659 ; très-belles et anciennes épr. ; le titre (n. 1), avant *G. Falk et P. Schenk ex.*, et neuf de ces pièces avant les numéros 7, 9, 14, 15, 29, 45, 46, 49, 50.

Manque à cette suite le n. 16.

106 *bis*. — Portrait de Vos, poëte hollandais, gravé à l'eau-forte, par *K. Dujardin* ; morceau rare.

DUCHÉ *ou* DUGHET, *surnommé* LE POUSSIN (*Gasparo*).

107 — Quatre vues de sites des campagnes de Rome, paysages en largeur ; quatre autres paysages, sites agrestes ; compositions dans des ronds. Huit est.

Prem. épr. avant l'adresse de *Mauperché*.

DURER (*Albert*).

108 — La Mélancolie (n. 74) ; très-belle épr., plus la copie par *Wierx*.

109 — Le cavalier et la dame (94) ; saint Antoine (58) ; Jésus aux Olives (19) ; Melanchton (105). Trois pièces, anc. épr.

FIQUET (*Etienne*).

110*— Portrait de Lafontaine, d'après H. Rigaud ; anc. épr. avec le ruisseau blanc, portrait de Molière, anc. épr. Deux est.

FLAMEN (*Albert*).

111 — Suite d'oiseaux (n. 81 à 92) ; vue de Soissy et vue de Chantilly. Onze est. (*Il manque trois pièces à la suite d'oiseaux.*)

FYT (*Jean*).

112 — Chiens dans différentes attitudes. Huit pièces (n. 9 à 16), gravées à l'eau forte en 1642. Anc. épr.

GARAVAGLIA (*Giovanni*).

113* — Agar et Ismaël, d'après le tabl. du Baroche. Est. en haut, prem. épr. avant la lettre et sur pap. de Chine.

GAUERMANN (*J.*).

114 — Jésus et les pélerins d'Emaüs, paysages de sites agrestes etc. Quatre est., épr. avant l. l.

GELÉE *dit* LE LORRAIN (*Claude*).

115 — Paysages et marines gravées à l'eau-forte ; suite numérotée de 1 à 12. Anc. épr. ; manque le n° 7.

116 — Vue de mer au soleil couchant, à gauche un arc de triomphe ; dans la marge à droite, le nom du maître, et à gauche, le n°. 11.

    Prem. épr. avant le numéro et le nom du maître, et avant des travaux de pointe sèche à l'arc de triomphe.

117 — Vue du *Campo-Vaccino*, à Rome, grav. à l'eau-forte par ce maître en 1635.

    Epreuve sans les deux lignes d'inscription dans la marge du bas.

118 — Berger assis près d'une jeune fille qui semble, du doigt, lui indiquer quelque chose ; dans la marge à gauche : Cl. G. INV. et F. *con Licenza*.

    Deux épr., une est prem. avant la lettre, et avec une ville que l'on aperçoit entre des arbres à droite, et que dans l'épr. postérieure on a remplacé par des montagnes.

119 — L'enlèvement d'Europe, 1634. Deux épr. anc. avec différence de tirage.

120 — Le Temps, Apollon et les Saisons, 1662 ; pâtre conduisant des animaux vers les restes d'un ancien monument, 1651 ; vue d'une campagne ; à droite un ange, sur un nuage, parle à

un religieux à genoux; danse de villageois et villageoises, planche qui n'a pas réussi à l'eau-forte et double des n⁰ˢ. 2 et 10 de la suite décrite au n° 115. En tout, six pièces, anc. ép.

GENOELS (*Abraham*).

121 — Suite de plusieurs paysages et vues de jardin, grav. à l'eau-forte par ce maître, en 1765 à 1790. Vingt-sept pièces, anc. épr.

GIAMPICOLI (*Juliano*).

122 — Suite de paysages, d'apr. Marco Ricci. Quante-huit pl. divisées en quatre parties, un vol. in-fol. obl. cart.

GOLTZIUS (*Henri*).

123 — L'adoration des mages, la circoncision, la cène, Sainte Famille, Christ sur les genoux de la Vierge, et plusieurs paysages. Sept est., anc. épr.

GRIMALDI *dit* LE BOLOGNÈSE (*Giovanni-Francesco*).

124 — Divers paysages, la plupart ornés d'épisodes de l'Histoire sainte et de l'Histoire profane, scènes pastorales et autres, par *Grimaldi*, sur ses propres dessins et d'apr. An. Carrache et le Titien. Cinquante-huit pièces, plusieurs dans des ronds; de ce nombre quelques doubles.

HECKE (*Jean Vanden*).

125 — Suite de différens animaux. Douze pièces (1 à 12) gravées à l'eau-forte, en 1656; belles épr.

HEUSCH (*Guillamme de*).

126 — Le grand chévrier (3). Très belle épr. de la pièce la plus capitale de ce maître.

HOLLARD (*Wenceslas*).

127 — Suite de papillons et insectes, chiens et autres animaux, paysages d'après Breughels, Van-Artois, Elzheimer; sujets d'après le Parmesan et le Bassan, etc. Cinquante-une pièces gravées à l'eau-forte.

128 — La mort étendant son empire sur les personnes de toutes

les conditions; suite dite *la Danse de la mort*; portraits de Henri VIII, d'Anne de Boulen, de Jeanne Gray, Jeanne Seymour, Van-Der-Borcht, Mérian et autres personnages; descente de croix, la Magdeleine et autres sujets; grav. d'apr. *Holbein*, par V. Hollard. Quarante-deux est.; deux lots.

HOOGE (*Romyn de*).

129 — Le roi d'Espagne descendu de son carosse pour rendre hommage au Saint-Sacrement, 1665; massacre des Wits; bataille de Mons, etc.; divers morceaux datés de 1772. Neuf pièces.

LAER, *surnommé* BAMBOCHE (*Pierre de*).

130 — L'œuvre de ce maître en vingt pièces (1 à 20) gravées à l'eau-forte, en 1636 à 1644, anc. épr., manque le n°. 16; en plus une pièce gravée à l'eau-forte par *Jean Van Noordt*, d'apr. P. de Laer, belle épr., et le portrait de ce dernier gravé à l'eau-forte par *Berg*, en 1765.

LECLERC (*Sébastien*).

131 — La multiplication des pains; deux épr. une est av. l. l. *Puer parvulus*; deux épr., une av. l. l. L'académie des sciences, apothéose d'Isis, av. l. l., et autres sujets, vignettes, fleurons, etc., par *Leclerc*, et sur ses compositions. Trente-six est.

LOLI (*Lorenzo*).

132 — Saint Jérôme (14), d'ap. *Sirani*; sainte Magdeleine (15); Andromède, d'ap *Sirani* (17); différens amours et jeux d'enfans (19, 24, 26, 28); la récompense de l'étude et la renommée, d'ap. *Sirani* (30, 31); Apollon et Marsias (2), cette dernière pièce dess. et gr. par *Jean-André Sirani*. Quinze estampes.

LONDONIO (*Francesco*).

133 — Douze sujets, pâtres et animaux (suite numérotée de 1 à 12), avec la date de 1763, épr. sur papier bleu et rehaussés en blanc de la main de Londonio.

MANTUAN (*Georges Ghisi*, dit)

154* — La Visitation , d'ap. F. Salviati (1), est. en larg.

Prem. et très-rare ép., où le pilier à gauche, en haut, au-dessus du paquet que porte une femme sur sa tête, est tout blanc.

MANGLARD (*Adrien*).

155 — *Diverse compositioni e vedute;* diverses compositions, vues et marines , inventées et gravées à l'eau-forte, par *A. Manglard*, en 1753 et 1754. Sujet de Rémus et Romulus, etc. Vingt-neuf pièces en un vol. in-fol. cart.

MARATTI (*Carlo*).

156 — La nativité de la Vierge (1); l'annonciation (2); deux épr., une est. av. l. l.; la visitation (3); Jésus adoré par les anges (4), deux épr., une est. av. l. l.; l'adoration des mages (5); la Sainte-Vierge et Magdeleine (6), épr. av. l. l.; l'assomption de la Vierge (8), deux épr., une est. av. l. l.; la Vierge et le petit saint Jean (9); le mariage de Sainte Catherine (10), deux épr., une av. l. l.; saint André, d'apr. Ciampelli (11), saint Charles Borromée (12). En tout dix-huit est.; de ce nombre quelques doubles et une pièce d'ap. C. Maratti.

MAUPERCHÉ (*Henri*).

157 — Plusieurs paysages avec épisodes de l'Ancien-Testament. Onze pièces gravées à l'eau-forte, anc. épr. — Plus, paysage gravé à l'eau-forte par *Patel*.

MIEL ou MIELE (*Jean*).

158 — Le berger (1), pièce gravée à l'eau-forte, anc. épr.

MILET ou MILÉ (*Francisque*).

159 — Différens paysages, quelques-uns avec épisodes historiques, six dans des ronds (1 à 6), les autres en largeur (7 à 22), par *Théodore*, prem. épr. avec le nom de *Simon*. Manque à cette suite le n°. 11. En tout vingt-quatre pièces, dont une double. et deux d'ap. Francisque, par *Ligny* et *Van Orley*.

140 — Paysage avec figures, sujet dit les *Deux Amans* (29), vue d'une campagne (30); vue d'une ville antique (31). Trois pièces gravées à l'eau-forte par *Francisque Millet*. Estampes très-rares, les deux dernières non décrites dans le Peintre-Graveur.

    (*Voy. Catal. du comte Rigal*, pag. 231, no. 613.)

141 — (Le no. 31.) Vue d'une ville antique, en double.

MORGHEN (*Raphaël*).

142* — La cène, d'apr. la fresque peinte par Léonard de Vinci, dans la réfectoire des dominicains de Milan; gr. est. en larg.

    Très-belle épr. avant la virgule, après *Amen dico vobis*,

143* — Portrait de la Fornarine, maîtresse de Raphaël, d'apr. le tableau de ce maître; anc. épr.

MORIN (*Jean*).

144* — La Vierge et l'Enfant-Jésus, dite *la Vierge à l'œillet*; d'apr. Raphaël, tête de mort, saint Bernard, la Vierge et l'Enfant-Jésus, la Magdeleine. Ces quatre est. d'apr. Philippe de Champagne. En tout six pièces, dont une double, anc. épr.

NANTEUIL (*Robert*).

145 — Portrait de Jean Loret, poète français, 1658; prem. épr. avant la virgule après le mot Loret.

146 — Les portraits de Lamothe-Levayer, 1661; Gassendi, 1658; Mazarin, 1659; Louis XIV jeune, 1664; Molé, de Scudéry, et Turenne; au bas écrit : *Les cent voix de la renommée...* etc. Neuf portraits, anc. épr.

OSTADE (*Adrien Van*).

147 — Treize pièces, sujets flamands, ce sont les nos : 9, 11, 15, 16, 18, 19, 23, 26, 27, 30, 33, 41 et 45. Divers sujets par *Bega* : les nos 7, 9, 34, 20.

PESNE (*Jean*).

148* — La mort de Saphyre, d'apr. le tabl. de N. Poussin, au

Musée Royal. Est. en larg. prem. épr. avant l'adresse de Drevet.

149 — Le testament d'Eudamidas, assomption de la Vierge, le ravissement de saint Paul, la charité romaine, d'apr. **N.** Poussin, et grav. par *Pesne*. Quatre est.

PERELLE (*Gabriel, Nicolas* et *Adrian* , LES).

150 — Sites pittoresques , lieux champêtres , vues maritimes et paysages composés. Quarante pièces à l'eau-forte.

PICART (*Bernard*).

151 — Le massacre des innocens , deux épr. avant la couronne sur la tête d'Hérode ; diverses estampes de la suite dite les *impostures innocentes*. Dix-sept pièces ; de ce nombre quelques pièces par *Bellangé* et *Daret*.

PLATTE-MONTAGNE ou MONTAIGNE (*Mathieu*).

152 — Vues prises dans des campagnes de Flandre , vues de villes maritimes , ports et marines , par *Montaigne* , sur ses dessins ou d'après Fouquier ; plusieurs dans des ronds , de ce nombre, sept dans des ronds , gravés par *Morin* , son beau-frère. En tout vingt-trois pièces.

POILLY (*François*).

153* — Le sommeil de l'Enfant-Jésus, pièce dite *la Vierge au linge*, d'apr. le tabl. de Raphaël, au Musée Royal. Est. en haut.; prem. épr. avant les contretailles sur le linge que lève la Vierge.

154* — La Vierge au berceau, d'ap. le tabl. de Raphaël, au Musée Royal. Est. en haut, anc. épr.

POTTER (*Paul*).

155 — Différens animaux (n. 1 à 8) ; suite de huit pièces gravées à l'eau-forte en 1650 ; copies de la suite des différens chevaux (n. 9 à 13).

PROCACCINI (*Camillo*).

156 — Trois différentes compositions du repos en Egypte (1,

2, 3,); la transfiguration (4); prem. épr., où il n'y a que
l'œil droit du Sauveur qui soit indiqué. Quatre est.

RAIMBACH (*Abraham*).

157* — La saisie pour loyer, *distraining fort rent*, d'après le
tabl. de D. Wilkie; est. en larg., épr. avant la lettre, sur
papier de Chine.

RAIMONDI (*Marc-Antoine*).

158* — Le martyre de sainte Félicité, d'après Raphaël (117);
est. en larg., très-belle épr.

RENI (*Guido*).

159 — La Vierge avec l'Enfant-Jésus (4); Sainte-Famille, pr. pl.
(9), deux épr., une est av. le nom; Sainte-Famille, sec. pl.
(10); l'Enfant-Jésus et saint Jean-Baptiste (12); l'Enfant-
Jésus et saint Jean-Baptiste (13); saint Christophe (14);
saint Jérôme (15); l'amour de l'étude (16); Jésus-Christ et
la Samaritaine, d'apr. *An. Carrache* (52), originale et copie;
saint Roch distribuant son bien aux pauvres, d'apr. *An.
Carrache* (53), originale et copie; et autres morceaux par
des anonymes de l'école du Guide; en tout, quarante et une
pièces. Cet article sera divisé.

REINHART (*Jean-Chrétien*).

160 — Vues, sites et monumens d'Italie, et diverses espèces
d'animaux; dix est.

REMBRANDT (*Van Rhyn*, dit).

161* — Le portrait de Vtembogaerd, l'un des plus beaux et des
plus rares portraits de Rembrandt, connu sous le nom du
peseur d'or (281); est. en haut., très-belle épr. sur pap. du
Japon.

162 — Portrait de Rembrandt (18); Joseph et Putiphar (39);
les vendeurs chassés du temple (69); résurrection du Lazare
(72); le retour de l'enfant prodigue (91); l'homme qui pisse
(190); la femme qui pisse (191); vieillard à barbe carrée

(265); Jean Lutma (276); Wtembogardus (279r), etc. Quatorze pièces, la plupart anc. épr.

RIBERA *dit* L'ESPAGNOLET (*Guiseppe*).

163 — Le corps mort de Jésus-Christ (1), saint Jérôme lisant (3), saint Jérôme (4), saint Barthelemi (6), saint Pierre (7). le poëte (10), le satyre fouetté (12), Silène couché près d'une cuve, prem. épr. avant la dédicace à *Don Gios Balsamo* (13); tête d'homme à Poireaux (9); neuf est. anc. épr.

164 — Saint Pierre pleurant son péché, saint Jérôme, Christ mort, martyre de saint Barthelemy, ivresse de Silène, etc. Huit pièces à l'eau-forte, par *Ribera*, anc. épr.

RICCI (*Marco*).

165 — *Varia marci Ricci, pictoris*..... Vingt-une pièces, compris le portrait de Ricci, d'apr. Rosalba, par *Faldoni*.

RICHOMME (M. *Joseph Théodore*).

166* — Le triomphe de Galatée, d'apr. la fresque de Raphaël; est. en haut. anc. épr.

167* — Thétis portant l'armure d'Achille, d'apr. M. Gérard. Est. en haut. épr. av. la let.

RIDINGER (*Jean Elie*).

168 — Différentes espèces d'animaux sauvages, fables instructives sur le règne des animaux, etc. Cinquante huit pièces.

ROULLET (*Jean-Louis*).

169 — Le Christ mort sur les genoux de la Vierge, d'apr. An. Carrache, anc. épr.

ROSA *dit* Salvatoriello (*Salvatore*).

170 — Différens sujets tirés de l'histoire et de la fable, suite de caprices et études de figures, etc., gravés à l'eau-forte par *Rosa* et sur ses compositions. Soixante-quatorze pièces.

RUISDAEL (*Jacques*).

171 — Trois paysages gravés à l'eau forte (n° 1 à 3), et copie du n°. 4, les voyageurs, anc. épr.

RUBENS (par et d'apr. *Pierre-Paul*).

172 — Sujets de l'Ancien et du Nouveau Testament, sujets al-
légoriques, ivresse de Silène, travaux d'Hercule, etc. Cinquante pièces, la plupart gravées à l'eau-forte, par *Pan-*
neels, *Wyngaërde*, *Quellinus*, et quelques-uns de ces morceaux attribués à *P. Rubens*. Cet article sera divisé.

173 — Sujets de l'Ancien Testament ; marche de Silène, chas-
ses, etc. Seize pièces gravées d'apr. P. Rubens, par *Baillue*,
de Leuw, *Pontius*, *Vostermann*, *Vandalen*. De ce nombre
quelques pièces grav. en bois par *Ch. Segher*.

SCHMIDT (de Berlin) (*George-Frédéric*).

174 — La présentation au temple, la résurrection de la fille de
Jaire, et autres sujets de l'Ancien et du Nouveau Testament,
d'apr. Rembrandt, Dietryci, F. Bol et autres maîtres hollandais; les portraits de Schmidt, J.-B. Rousseau, De la Tour,
L. Vedebandt, Mme. Schmidt, et autres portraits, et deux
têtes, d'apr. Rembrandt, etc. Dix-neuf pièces, anc. épr.

SOUTMAN (*Pierre*).

175 — Saint Pierre, jeune et vieux Silène, chasse aux loups.
Cinq pièces, d'apr. P. Rubens.

STRANGE (*Robert*).

176 — Vénus, d'apr. le Titien, anc. épr.

STOOP (*Dirik* ou *Théodoric*).

177 — Différens sujets de figures et de chevaux. Douze pièces
(1 à 12), gravées à l'eau-forte, en 1651, anc. épr.

SUANEWELT, *dit* HERMAN D'ITALIE (*Herman van*).

178 — Suite de vingt-quatre petits paysages de forme ovale, le
titre : VARIÆ CAMPESTRUS FANTAISIÆ... *Cum privilegio Regis*
(1 à 24).

178 *bis*. — Les chèvres (30), épr. av. l. l.; paysages ornés de
sujets de l'Histoire sainte (66 à 69), de ces quatre morceaux
deux sont avant *K. Audran ex.* et avant les n^os.; Salmacis

aperçoit Hermaphrodite dans le bain (71), pr. épr. avec l'adresse de *Rossi*; Mercure dérobe les chevaux d'Apollon et recommande le silence à Battus (95), pr. épr. avec l'adresse de *Valdor ex*...; trois paysages avec ruines, fabriques et figures (80, 92,93), pr. épr. avec le mot *excudit*. En tout, dix estampes.

179 — Paysages avec ruines, fabriques, épisodes de l'Ancien Testament, de la fable, etc., etc. Vingt-deux pièces.

TESTA (*Piétro*).

180 — Différens sujets tirés de l'Histoire sainte, de l'histoire profane, sujets fabuleux, allégories, paysages, etc. Soixante-trois pièces, de ce nombre plusieurs d'après le même, par *Testa* son neveu, et autres.

TARDIEU (M. *Pierre-Alexandre*).

181 — La communion de saint Jérôme, d'apr. le tabl. du Dominiquin. Très gr. est. en haut., épr. sur papier de Chine.

TOSCHI (*P.*).

182* — Le portement de croix, *lo spasimo di Sicilia*, d'apr. le tabl. de Raphaël appartenant au roi d'Espagne. Très gr. est. en hauteur; très belle épr. de souscription.

VANNI, *dit* VANNIUS (*Francesco*).

183 — Saint François en extase, morceau gravé à l'eau-forte; anc. épr. d'une pièce rare.

WATERLOO (*Antoine*).

184 — Différens paysages avec figures, plusieurs avec épisodes de la fable. Trente-quatre pièces; de ce nombre quelques doubles, anc. épr.

VELDE (*Jean van de*).

185 — Les quatre saisons, bacchanale, les vierges folles, paysages, d'apr. Molyn, etc. Onze pièces, anc. épr.

WILLE (*Jean-Georges*).

186 — Les musiciens ambulans, d'apr. le tabl. de Dietricy. Est en haut.

Ancienne épr. avant l'*e* à la fin du mot *électorale*, dans l'inscription, peint par *Dietricy*, etc.

187 — Les offres réciproques, d'apr. le tabl. de Dietricy. Est en haut.

Ancienne épreuve ayant l'accent sur l'*a* des mots : *dédié à*.

188 *— L'observateur distrait, d'apr. le tabl. de Miéris. Est. en haut.

189 — La Cléopâtre, d'apr. Nestcher, anc. épr.

VOLPATO (*Giovanni*).

190 — Les stances ou peintures de Raphaël dans les chambres du Vatican. Huit pièces ; il manque à cette suite la prison de saint Pierre et la messe à Bolcène. Six estampes.

191 — La Vierge et l'Enfant-Jésus, d'apr. Fra. Bartholomeo, et la charité, d'apr. Le Corrège ; cette dernière par *Morghen*.

WOOLLETT (*William*).

192 — Jacob et Laban (*Jacob and Laban*), d'apr. le tabl. de Claude le Lorrain, de la collection d'Egremont ; pièce dite le *grand pont*. Très gr. est. en larg., prem. épr. av. les armes.

193 — Le portrait vu en buste de P.-P. Rubens, d'apr. A. Van Dick ; anc. épr. avec l'adresse de *Bradford*.

ZEEMAN (*Reinier* ou *Remy Nooms*).

194 — Les élémens (19 à 22) ; suite de huit marines, épr. avec l'adresse de *Danckert* (31 à 38) ; neuf pièces de la suite des différens vaisseaux d'Amsterdam ; suite de huit vues d'Amsterdam (47 à 54) ; vues des portes de la ville d'Amsterdam (119 à 126). En tout, quarante-une pièces à l'eau-forte ; de ce nombre trois doubles et deux copies.

Estampes diverses gravées à l'eau-forte et au burin, par et d'après les Maîtres des Écoles Italienne, Allemande, Flamande, Hollandaise et Française.

ÉCOLE D'ITALIE.

195 — L'hommage du petit saint Jean (7); la Vierge et l'Enfant-Jésus (8); sainte Madeleine (10); saint Antoine de Padoue (11), ces quatre morceaux par *J. Carpioni*; Silène, par *F. Burani*, la seule pièce de ce maître; sainte Anne et saint Joachim (1); saint Joseph épousant la Vierge (2); la destination de la Vierge (3); l'Annonciation (4); saint Agnès (7), ces cinq morceaux par *Ventura Salimbène*; Sainte-Famille, par *Schidone*, seule pièce de ce maître; la Visitation (31); la sainte Vierge, d'apr. Castelli (36); saint Barthélemi, d'apr. Lucas de Leyde (54); la lapidation de saint Etienne, d'apr. Lucas Caugiage (57); sainte Magdeleine, d'apr. Lucas de Leyde (90); le frère Philippe de Ravenne (92); saint François d'Assise prêchant (88), prem. épr. avant toute adresse; les prophètes (3 à 15), en tout vingt-deux pièces par Raph. *Sciaminossi*; Sainte-Famille, d'apr. Schidone (25); le mariage de sainte Catherine (26); deux pièces par *Sixte Badalocchio*; Judith (2); la sépulture de J.-Christ (5); le jeune homme et les deux vieillards (13); les deux amans (14); l'astrologie (15); ces cinq pièces par *F. Mazzuoli*; Jésus-Christ et les apôtres, treize pièces marquées des lettres F. P.; pièces diverses d'apr. F. Mazzuoli. En tout, soixante-dix-huit est., de ce nombre quelques copies et des doubles; cet article sera divisé.

196 — Saint Joseph (2); saint Jérôme (3), par *F. Amatus*; sainte Anne (6), par *Lucas Giordano*; saint Antoine de Padoue (1); une femme et un homme qui se battent (1), ces deux pièces par le *Guerchin*, la seconde lui est attribuée; Joseph et ses frères (1), deux épr., une est av. le nom; fuite en Egypte (4), deux pièces par *F. Mola*; la sainte Vierge (7), par *Strada*; saint Jean (19); saint Jérôme et le pape Damase (16); la déesse tutélaire de Rome (24); par *Palma le jeune*. Quatorze est. à l'eau-forte, dont deux doubles.

197 — Quatre paysages, par *Dughet*, trois sont av. l'adresse de *Mauperché;* trois sujets de batailles, par *Courtois* dit *le Bourguignon*.

198 — La Vierge du Rosaire (1); saint François d'Assise (2), trois pièces par *Canuti;* Vénus châtiant l'Amour (5), par *J.-L. Valesio;* Faune, décoration, par *Galestruzzi;* saint Christophe, par *Borgiani* (53); plusieurs scènes champêtres et animaux, par *Londonio;* neuf pièces. En tout, quinze est.

199 — Soixante-trois paysages avec figures, d'après les compositions du Titien et d'An. Carrache, gravés par *Corneille, Massé, Pesne, Rousseau*, etc. Plusieurs doubles avant et avec la lettre. Deux lots.

200 — Diverses compositions gravées à l'eau-forte et au burin par et d'après *Beccafumi*, le *Calabrois*, *Baldochio*, *Bisi*, *Mercati*, *Mathioly*, *Tysidius Guidus*, *A. de Trevise*, *Balestra* et autres maîtres des écoles d'Italie. Trente-huit pièces.

201 — Vingt-quatre pièces par et d'après les maîtres de l'école d'Italie, dont sujets de vierges par *C. Maratte*, *Baroche;* paysage de *Grimaldi*, de *Dughet*, sujets divers d'*Augustin Carrache*, et le saint Benoît de *Louis Carrache*, épr. avant l'adresse, etc.

202 — Soixante-quatre pièces d'après *Cignani*, *Cagnacy*, *Cigoli*, *Mutien*, le *Josepin*, *Soliméne*, etc.; plusieurs gravées par *C. Cort*, *Villemena*, etc.

203 — Vingt-deux pièces par et d'après *Baldi*, *Bettini*, *Le Dominiquin*, *Lanfranc*, *Fialetti*, et autres maîtres italiens.

204 — Les noces de Cana, d'après le tableau de Paul Véronèse, au Musée Royal, gravé par *Vanni*.

205 — Le triomphe de Jules-César, d'après Manteigne, par *Gaudensis*. Neuf estampes.

206 — Le déluge, pièce sans marque attribuée à *Franco;* sujets d'histoire et de la fable, plusieurs d'après Raphaël; et diverses pièces gravées d'après des statues et bas-reliefs an-

tiques , par *Beatricius, Bonasone , Marc-Antoine, Vico*, etc., etc. Quinze est.

207 — Peintures du palais Pamphile, d'apr. le Dominiquin, par *D. Barrière*. Dix-sept est.

208 — Scènes et costumes napolitains. Quatorze pièces gravées à l'eau-forte par *Roomer*.

209 — Trente-cinq pièces d'apr. Raphaël, J. Romain, Michel-Ange, Daniel de Voltère, Perin del Vaga, Le Carravage, et autres maîtres des écoles de Florence et de Rome, par *Bartoli, Cochin, Blanchard, Campanella, L. Gauthier, Vouillemont*, etc.

210 — Trente pièces, sujets divers, d'après l'Albane, le Corrège, le Dominiquin et autres maîtres de l'école lombarde, gravées par *Basan, Audenaerd, Van Kessel, Duchange,* et *del. Pô*.

211 — Vingt-quatre pièces, gravées par *Audran, Bettelini, Casius, Lorenzini*, d'apr. les tabl. et compositions de Louis et A. Carrache.

212 — Dix-huit pièces d'apr. le Guide, par *Audran, Perini, Rousselet, Vouillemont, Vitali* et *Wisscher*.

213 — Vingt-huit pièces gravées par *Audenaerd, Smith, Desplaces, Lanfranc*, d'après les tabl. et compositions de C. Maratte et Lanfranc.

214 — Trente-deux pièces : bacchanales, d'apr. le Titien, par *Podesta*; sujets divers, d'après le Bassan, Palme, P. Véronèse, le Tintoret et autres maîtres de l'école de Venise; gravées par *Aveline, Boël, Cozzi, Saint-Aubin, Van Kessel, Ossembecke, Lefèvre, Sadeler, Vanni, Cochin*, etc., etc.

215 — Paysages agrestes, ruines, scènes champêtres, d'apr. Amiconi, Guerchin, Le Guaspre, Hackert, Pannini, Salvator Rosa, Palmerius, Ricci, Zuccarelli, etc., par *Bartolozzi, Coëlmans, Goupy, Guyot, Vagner, Vivares, Guintotardi*. Quarante-huit pièces.

216 — Vingt-cinq pièces gravées d'apr. les compositions de Feti, Le Guerchin, C. Dolci, Gabianni, P. de Cortone,

A. Sacchi, Rizzi, et le Bourguignon, par *Larmessin, Bartolozzi, Dorigny, Chateau, Rousselet*, etc.

217 — Soixante-treize pièces gravées en imitation des dessins
anciens des diverses écoles d'Italie, faisant partie de la galerie de Florence, du cabinet Crozat, par *Lesueur, Prestel* et *Mulinari*.

218 — Quatre-vingt-deux *fac-simile* de dessins anciens de
l'école d'Italie, faisant partie du cabinet du Roi, de Crozat,
des galeries de Dresde, de Dusseldorf et Britanique; gravés
par *Bartolozzi, Pont, Cipriani, de Caylus*, etc., etc.

219 — Trente-deux pièces gravées par *Lagoy*, d'après les dessins de l'école d'Italie qui faisaient partie de son cabinet.

ÉCOLES D'ALLEMAGNE, DE FLANDRE
ET DE HOLLANDE.

220 — L'âge d'or, par *Théodore de Bry*; le banquet et le bain,
deux pièces par *H. S. Beham*, et une pièce par *N. de Bruyn*,
d'apr. Beham. Quatre est. belles épr.

221 — Paysages et idylles, gravés à l'eau-forte, par *Gessner et
Kolbe*, et sur leurs compositions. Treize pièces.

222 — Paysages, marines, et sujets divers, gravés par Ed.
Weirotter. Vingt-quatre pièces à l'eau-forte.

223 — Traits historiques et fabuleux, vues, paysages, animaux, figures, études, etc., etc. La plupart de ces morceaux gravés à l'eau-forte par *Baader, Duncker, C. Gessner, Konig, Leidensdorf, Milatz, Gauermann, Pleimer,
Shenker, Obermann, Rode, Janson, Schenfeld, Primavesi,
Van Os, Primavesi, Verdussen* et *Frey*. Cent quarante
sept pièces. Cet article sera divisé.

224 — Vingt-deux pièces, d'apr. *Brandt, Zing, Vagner*, etc.,
par Aliamet, Mathieu, Weisbrod, etc.

225 — Seize paysages; vues pittoresques, chutes d'eaux, etc.,
gravés à l'eau-forte par *Van Everdingen*.

226 — Danse de village, gravée à l'eau-forte par *D. Teniers*, autres morceaux qui lui sont attribués ; danse de village, d'apr. Teniers, par *C. Boël* ; divers sujets à l'eau-forte, par *C. Dusart* (nᵒˢ. 12, 14, 15 et 16). Dix pièces, anc. épr.

227 — Suite de six vaches au repos, par *Al. Kuyp*, titre d'une suite d'animaux, par *Roos* ; différentes espèces d'animaux bipèdes et quadrupèdes, par *Barloow*, etc., etc. Quarante pièces à l'eau-forte. Deux lots.

228 — Onze pièces, la plupart à l'eau-forte, par Rembrandt, Le Duc, Boom, Van-Dick, Noordt, Stoop, etc.

229 — Paysages gravés à l'eau-forte par *A. Meyeringh* (2, 3, 8, 11, 23) ; paysages à l'eau-forte, par *Risbraek* (6, 3); paysage, par *Glauber* (8); et un paysage, d'apr. Glauber, par *Vanderlaan*. En tout onze est.

230 — Suite de six paysages agrestes (1 à 6), par *Beich;* paysages, par *Naiwjncx* (2, 3, 7); suite de six paysages (1 à 6), de forme octogone, par *P. Bril*; son portrait, par *Goltzius;* suite de différens combats, par *W. Baur*; son portrait, par *Meyssem*. Trente-une pièces.

231 — Suite de douze paysages, d'apr. Van-Goyen; paysage et portrait, d'apr. Breughel, par *J. Wischer;* scènes de combats, par *Land;* sujets de l'Enfant prodigue, par *C. de Vaels;* etc. Vingt-huit pièces.

232 — Cinq paysages et monumens, par *Horisonti ;* dix sujets divers, par *Plonski;* quinze pièces par *C. Schut;* quatre pièces par *Bottschilt*, etc. En tout quarante est. par et d'apr. des maîtres allemands, flamands et hollandais.

233 — Recueil de cinquante paysages agréables, par *Egide Sadeler*, d'apr. Stephani, Breughel, etc.

234 — Quarante pièces, sujets de l'Histoire sacrée et de l'Histoire profane, portraits, etc., gravés à l'eau-forte et au burin par *G. de Lairesse, Vierinx, Wisscher, de Bruyn, Sadeler Matham, Saeredam, C. de Pas*, etc., la plupart d'apr. leurs compositions.

235 — Sujets de l'Ancien et du Nouveau Testament, traits fabu-

leux, etc.; plusieurs de ces morceaux attribués, pour la gravure, à *J. Jordaens*, les autres par *Vosterman*, P. de Jode,
etc. En tout douze pièces, d'apr. J. Jordaens, Seghers et
Snyders.

236 — Traits historiques et fabuleux, scènes pastorales, paysages, gravés par *Richard* et *Jean Van-Orley*. Un vol. in-4º.

237 — Paysages, marches, campemens et diverses scènes militaires, gravés à l'eau-forte et au burin par *Baudouins* et
Huchtembourg, d'apr. Vaudermeulen. Vingt-sept est.

238 — Marines, d'apr. Van de Velde; vues de Flandre, d'apr.
Breughel; paysages, d'apr. Moucheron, et scènes champ-
pêtres, par *J. Major*, *Vander-Borcht*, *Van-Somer*, etc.
Soixante-quatre pièces par différens graveurs.

239 — Quarante-six pièces : paysages, ruines, marches d'animaux, marines, etc., d'apr. les tabl. de Asselin, Backuisen,
Berghem, Dietricy, Readamer, Zeeman, etc.; grav. au burin
par *Aliamet*, *Basan*, *Daudet*, *Lebas*, *Laurent Michol* e
autres.

240 — Vues de Flandre, fêtes flamandes, grav. d'apr. *D. Teniers*, par Lebas, Major, de la Barthe, etc. Trente-un
pièces.

241 — Vingt pièces d'apr. les tabl. de Wouvermans, pai
Moyreau.

242 — Trente-une pièces d'apr. Vanderneer, Stork, Bremberg,
Vangoyen, Ruisdael, par divers graveurs français.

243 — Dix-huit pièces, sujets sacrés et profanes, gravés d'apr.
P. Rubens, Van-Dick, Philippe de Champagne, par *Audran*,
Edelinck, *Prestel*, etc.

244 — Divers sujets de genre, grav. au burin d'apr. Rubens,
Bega, Terburg, Rembrandt, Palamedes, Vanderweff et autres maîtres.

245 — Cinquante-sept pièces d'apr. des maîtres des écoles flamandes et hollandaises, et provenant des galeries du musée
du Palais-Royal, des cabinets Poullain, Choiseul, Le Brun,
etc. Epr. non terminées.

ÉCOLE FRANÇAISE.

246 — Paysages composés et gravés à l'eau-forte par *Focus*; paysages, d'apr. Francisque Millé. Onze est.

247 — Les quatre élémens, par *Ch. Lebrun*; Sainte-Famille, par *Eust. Lesueur*; le serpent d'airain, par *Subleyras*; Sainte-Famille, par *Bon Boulogne*; bacchanales, par *Chaperon*; sujets de Vierge, par *Bellangé*; Lot et ses filles, par *Vien*; et plusieurs autres sujets sacrés et profanes, allégories, etc., par *Mignard*, *Valentin*, *Restout*, *Houdon*, *Crozier*, *Loys*, *Parrocel*; paysages, par *Moillon* et autres peintres français. Trente-quatre pièces gravées à l'eau-forte, d'apr. leurs propres dessins ou compositions. Cet article sera divisé.

248 — Quatre-vingt pièces, compositions diverses, grav. la plupart à l'eau-forte par *Bidaud*, *Bon Boullogne*, *Corneille*, *Gillot*, *Hallé*, *Natoire*, *Parrocel*, et autres maîtres français.

249 — Sujets de tout genre, gravés à l'eau-forte par *Brebietet*, *De la Hyre*, *Le Pautre*, *Mignard*, *Vouet*, *Vignon*, et autres maîtres français, la plupart d'apr. leurs compositions. Cinquante pièces.

250 — Trente-deux pièces, la plupart à l'eau-forte, par *Coypel*, *Colignon*, *Perrier*, *Denon*, etc.

251 — Cinquante pièces : vues, paysages avec figures, la plupart à l'eau-forte, par *Perignon*, *Lemoyne*, *Louterbourg*, *Boucher*, etc.

252 — Soixante-huit pièces : paysages, marines, animaux, scènes de tous genres ; la plupart à l'eau-forte, par *Denon*, *Dunouy*, *Beaumont*, *De la Hyre*, *Louterbourg*, *Dumont*, *Houel* et *Vatelet*.

53 — Cent huit pièces, la plupart à l'eau-forte, par *Boucher*, *Robert*, *Silvestre*, *Peyron*, *Hutin*, *Pierre*, *Lagrenée*, *Delalive*, etc.

254 — Cent trente pièces, par *Delarue*, *Huet*, *Leprince*, *Rigaud*, *Bouillon*, *Boisseau*, *De la Barthe*, *Fragonard*, et autres maîtres français ; la plupart à l'eau-forte et sur leurs compositions.

255 — Quarante-huit pièces, d'après les tableaux et compositions de N. Poussin, par différens graveurs anciens et modernes.

256 — Trente-sept pièces, d'apr. Bourdon, Boullogne, Jouvenet, Lebrun, Lafosse, S. Vouet, Mignard, Valentin, Parrocel, etc.

257 — Cinquante-cinq pièces, sujets divers, d'apr. Coypel, Deshayes, Lemoyne, Natoire, Hallé, Peyron, et autres peintres français.

258 — Quarante-neuf pièces gravées au burin, par *Flippart*, *Lavmessin*, *Tillard*, etc., d'apr. les tabl. et compositions de Boucher, Greuze, Châles, Lagrenée, Pater, Lancret, et autres peintres français.

259 — Quatre-vingt-neuf pièces, d'apr. les compositions de R. Lafage, gravées par *Ertinger*.

260 — Différens sujets composés et peints par Watteau, et gravés d'apr. lui par *Huquier*, *Caylus*, *Moyreau*, et autres graveurs français. Vingt-sept pièces ; quelques-unes sont avant la lettre.

261 — Paysages et marines, d'apr. Lantara, Louterbourg, Robert, Chatelain, Valenciennes et Casanova. Soixante-une pièces.

262 — Paysages et marines, d'apr. Delahyre Patel, Milet et J. Vernet. Soixante-cinq pièces.

263 — Danse des bergers, d'apr. C. le Lorrain, par *F. Vivarès* ; le Temple de Vénus d'apr. C. le Lorrain, par *Gemelin*. Deux est. ; la dernière avant la lettre, mais endommagée.

264 — Trente pièces, gravées par *R. Earlom*, en imitation des dessins de Claude le Lorrain, dans la collection du duc de Devonschire.

~~~~ — La tempête, par Balechou, et le coup de vent. Deux pièces d'apr. J. Vernet, la dernière par *Charpentier*.

> La première, épr. avant les contretailles sur l'arc de triomphe, avant l'orage terminé, et avant l'adresse de Buldet.

266 — Différentes espèces d'animaux, d'apr. et par Oudry. Vingt est.

267 — Quarante-cinq pièces, d'apr. Bouchardon, Baudouin, Lawrince, Lemoyne, et autres peintres français au siècle dernier.

268 — Soixante-dix pièces, par et d'apr. des maîtres français, par Léonard Gaultier, Callot, J. Vernet, Boucher, Silvestre, Duplessis-Bertaux, etc. Trois lots.

269 — Scènes de la révolution française, et campagnes d'Italie, gravées à l'eau-forte par Duplessis-Bertaux, d'apr. ses compositions et celles de M. C. Vernet. Vingt-quatre pièces.

270 — Vingt-quatre pièces lithographiées, par MM. Charlet, Horace Vernet, Guerin, etc. Plusieurs pièces anciennes, belles épr.

271 — Différentes espèces de chevaux et autres animaux, et quelques paysages, gravés et litographiés par et d'apr. MM. C. Vernet, Baltard et Thiénon. Cinquante est.

272 — La Cêne, d'apr. Phil. de Champagne, par Girardet, épr. avant la lettre ; Appollon et la Vérité, d'apr. Landon, par Audouin ; Vénus désarmant l'Amour, d'apr. R. Lefèvre, par Guerin ; suite de statues d'apr. l'antique, par Niquet ; vignettes d'apr. Prud'hon, par M. Roger, et plusieurs pièces détachées de la galerie du Luxembourg. Vingt pièces gravées au burin et au pointillé.

PORTRAITS.

273 — Les portraits de Jac. Gouter, musicien anglais ; Daniel Heinsius, prof. d'hist. à Leyde, ces deux portraits à l'eau-forte, par *Livens* ; ceux de L. Vosterman, N. Lanier, Hugenius, d'après Livens, par Vosterman et Wyngaerde ; le portrait de M. *Sweerts*, peintre, à l'eau-forte par ce maître ;
~~~~

...de portrait de Lutma père, pièce gravée au maillet par *Jean Lutma*, en 1656, belle épr. Neuf est.

274 — Portrait de femme vue de profil, gravée sur bois, et portant pour inscription : MARIE DE MÉDICIS F. MDLXXXVII (1587); morceau attribué pour la gravure à Marie de Médicis.

275 — Les portraits de Louis XIII, Anne d'Autriche, Richelieu, du comte d'Harcourt, Mazarin, Vitry, Gondy, Camus, Arnauld, de Retz, de la Milletière, le Tellier, Villeroy, Desgranges, Duvergier de Hauranne, Mercier, Vigneron, etc. Vingt-deux pièces d'apr. Ph. de Champagne, gravées à l'eau-forte par Jean MORIN. Deux lots.

276 — Les portraits de Louis XI, François Ier, d'apr. Montagne; Philippe II, d'apr. le Titien; Henri II, d'apr. Janet; Marie de Médicis, d'apr. Porbus; Henri IV, d'apr. Ferdinand; le duc de Guise, d'apr. Citermans; Franque, peintre, d'apr. lui; la duchesse de Guise et Bentivolus, d'apr. Van-Dick; Thuanus, d'apr. Ferdinand, de Thou, deux différens portraits; Jansénius, François-de-Salle, Tarriste, d'apr. Donstan. Ces dix-huit portraits gravés à l'eau-forte, par *Jean Morin*. Deux lots.

Les épr. des portraits désignés à cet article et celui précédent sont toutes prem., la plupart avec toute leurs marges.

277 — Les portraits d'Érasme, d'apr. Holbein; Schurman, d'apr. Livius; Descartes, d'apr. Hals. Ces trois morceaux par *Suyderoeff*; anc. épr.

278 — Le portrait de Gellius Bouma, dessiné et gravé par *C. Wisscher*; anc. épr. avec l'année 1656; et le portrait de M. de Mancini, gravé par *N. Wisscher*; anc. épr.

279 — Les portraits de Lucas de Leyde, de Binck, par *H. Goltzius*; de Van Artois, Breughel, Spranger, etc., par *Muller, Sadeler, Saeredam, Kilian*; Lafond, dit *le Gazetier*, par *Lombart*; Cornelius, par *Hondius*; etc. Douze est., anc. épr.

280 — Dix-huit portraits gravés par *Masson, Natalis, Vans-*

chuppen et *L'Enfant*, d'apr. Lebrun, Nanteuil, Lesueur,
Bertholet, Detroy et Vanloo ; anc. épr.

281 — Les portraits de Louis XIV, Lebrun, Mansart, Mou-
ton, Champagne, Colbert, Santeuil, Tortebat, d'Hozier,
Fagon, etc., gravés par *G. Edelinck*, d'apr. Rigaud et
autres peintres. Vingt-une pièces, anc. épr.

282 — Portraits de Louis XIV, Keller, le cardinal Dubois,
Boileau, Decotte, Letellier, etc., onze portraits gravés par
Roullet et *Drevet*, d'apr. Detroy, Jouvenet, Mignard et
Rigaud ; anc. épr.

283 — Quarante portraits de personnages célèbres dans l'épée
et la robe, aux 17e et 18e siècles, d'apr. S. Bourdon, Detroy, Lebrun, Largillière, Parrocel, Rigaud, Regnesson,
Tocqué et autres peintres de l'école française, et par des graveurs de cette même école.

284 — Les portraits de Romyn de Hooghe, Erasme, Temple,
Digby, etc. Dix pièces gravées par *Houbraken*.

285 — Vingt-trois portraits des peintres de l'ancienne Académie française, par des graveurs et d'après des peintres
français.

286 — Les portraits de saint Florentin, d'apr. Tocqué; de
Lowendal, d'apr. Delatour; de Brisiens, de Belle-Isle, d'apr.
Rigaud ; Frédéric, roi de Prusse ; ces cinq gravés par *J. G.
Wille*; Crébillon, d'apr. Aved; Jean Julienne, d'apr. Detroy;
don Philippe, infant d'Espagne, d'apr. Viali; Gauthier, d'ap.
Aved; ces quatre grav. par *Balechou*; de Vergenne, par
Bervic; M. Doligni, par *Hubert*, etc. Douze est.

287 — Portraits de Michel-Ange, S. Vouet, Oppenort, Justiani,
Delalive, etc.; la plupart gravés à l'eau-forte et au burin, par
The de Leu, *Lefebure*, *Platte Montaigne*, *Perrier*, *Coypel*,
Huquier, *Delalive*, *Vincent*, *Mellan*, etc. Treize est.

288 — Les portraits de Canova, R. Meng, Milner, Smith, Ma-
disson, Bumbury, etc. Dix-sept portraits grav. au burin, au
pointillé et à la manière noire.

289 — Les portraits de Hufeland, Platner, Palizsch, Ponchkin,

Gessner, Kourakin, Loder, Wille, et autres personnages allemands, grav. au burin par *Muller, Frey, Schultze, Klauber,*
etc., etc.

290 — Treize portraits, dont ceux de Mme Roland, le père Eli-
sée, la comtesse de Salm, Blaw, Necker, de Livry, Winekel-
man, de Saussure et autres personnages, gravés par *Delau-
nay, Tardieu, Gaucher, MM. Massard, Pradier, Roger,* etc.

291 — Les portraits de Mmes. de Staël et de Genlis, d'apr.
M. Gérard, par *Lignon* et *M. Laugier,* et le portrait de
Mme Campan, lith. par *M. Jacob.* Trois est.

292 — Vingt-six portraits par *Edelinck, Lubin,* et détachés de
la suite des *Hommes Illustres* de Perrault; anc. épr.

293 — Trente-sept portraits pour l'*Histoire d'Angleterre,* par
Larey, et autres ouvrages.

294 — Portraits de l'*Iconographie* de *Vandick.* Trente pièces,
anc. épr.

295 — Vingt-sept portraits, in-8°. et in-4°., de divers personnages, gravés par *Fiquet, Edelinck, Van Schuppen, Smidt,*
etc.; quelques-uns avant la lettre.

ESTAMPES EN RECUEILS.

296 — Différens sujets de Vierge et de Sainte-Famille, gravés à
l'eau-forte et au burin par et d'apr. des peintres italiens,
allemands et français, contenus dans un vol. in-4°. dem. rel.
(120 p.).

297 — Soixante-neuf pièces, d'apr. Raphaël, le Parmesan, le
Baroche, le Guide et autres grands maîtres italiens; de ce
nombre vingt-six sont gravées en taille de bois et en clair-
obscur, par *Andre Andreani* et *B. Coriolanus;* les autres,
en imitation des dessins, par Mulinari, Lesueur et de Caylus;
réunis dans un vol. in-fol. cart.

298 — Histoire pratique des progrès de la peinture en Italie,
représentée en 50 pl. d'apr. les dessins originaux de la Ga-

ìerie de Florence, gravées par *Mulinari*. Florence, 1778. Un
vol. in-fol. cart.

299 — Recueil de dessins de différens maîtres, qui se trouvent
à la galerie de Florence, par *Mulinari*. Florence, 1772. Un
vol. in fol., dem.-rel., 5o pl.

500 — A Collection of etchings after Raphaelo, Julio Romano,
Guido, Parmigiano, Dominichino, A. Durer, P. Véronèse,
Palma, etc., executed by Huck Selcke and Billinger, after
the original drawings in the collection of the elector Pala-
tine, duke of Bavaria. *London*, Boydel, 1781. Cinquante
planches; et contenu dans le même volume, recueil gravé
d'apr. les dessins de grands maîtres de la collection de l'A-
cadémie électorale de Dusseldorf, 1781. 1ʳᵉ et 2ᵉ parties,
contenant 100 pl. En tout 150 pl. en un vol. in-fol., demi-rel.

501 — Soixante-dix pièces, gravées en imitation des dessins
anciens des maîtres des diverses écoles, par *A. Pond*. Un
vol. in-fol. cart.

502 — Les loges de Raphaël au Vatican, gravées à l'eau-forte,
en 1615, par *H. Borgiani*. Cinquante-deux pièces en un vol.
in-fol. cart.

503 — Les peintures d'Annibal Carrache à la galerie du palais
Farnèse, gravées par *Aquila*. Vingt-cinq feuilles, compris
le titre, l'allégorie sur le rétablissement de la peinture, et
deux portraits. Un vol. in-fol., v. m. fil., aux armes.

504 — Entrée de Sigismond à Mantoue, gravée par *P. S. Bartoli*, d'apr. J. Romain ; jardins de Rome par *Falda*. Un vol.
in-fol. obl., rel. en veau br.

505 — Recueil de sujets et d'études, d'apr. les dessins du Guerchin, par *Bartolozzi* et autres. Un vol. in-fol., demi-rel.
Quatre-vingt-onze planches.

506 — Dessins du Guerchin, gravés par *Bartolozzi*. Piranesi,
1764, un vol. in-fol. cart. Vingt-trois planches.

507 — *Picturæ Dominici Zampierii vulgo Dominichino...*, ou
Peintures de Dominique Zampieri, qui existent dans la sa-
cristie du monastère de *Grotta-Ferrata*, gravées par *Franc.*

Bartolozzi et autres graveurs , 1762. Un vol. in-fol. rel. en
vél. bl. Vingt-huit planches.

308 — Sujets et compositions diverses, gravés à l'eau-forte par
et d'apr. *Giov.-Battista* et *Domenico Tiepolo.* Quatre-vingt-
quatorze planches en un vol., demi-rel.

309 — Suite de vues et de paysages, par *Giampicoli,* d'après
Marc Ricci. Vingt-sept pièces, de ce nombre une gravée
par *Ricci.* Un vol. in-fol. cart.

309 *bis.* — Recueil de têtes, mascarade grecque, suites de vases
inventées par *Bossi,* et compositions du Parmesan. Cent
soixante-douze pièces gravées par *Bossi.* Un vol. in-4°.

310 — Recueil de vases, statues, etc., la plupart inventés et
gravés par Bossi. Un vol. petit in-fol. demi-rel.

311 — Vues les plus intéressantes de Venise. Vingt est. dessinées et gravées par *Marieschi.* Un vol. in-fol. obl., cart.

312 — Plan de la cité de Rome, par Falda, 1776 ; en douze
feuilles. Un vol. in-fol. cart.

313 — Dessins des plus belles chapelles des églises de Rome,
construites par les plus célèbres architectes. Cinquante pl.
en un vol. in-fol., v. br.

314 — Vestiges des arcs de triomphes antiques des Romains.
Rome, 1690 ; fig. de P. S. Bartoli. Un vol. in-fol. demi-rel.
Cinquante-deux pl.

315 — *Colonna Trajana,* par P. S. Bartoli. Un vol. in-fol.
obl., rel. en veau. Cent dix-neuf pl.

316 — Colonne antonine, par P. S. Bartoli. Un vol. in-fol.
obl. cart. Soixante-dix-sept pl.

317 — Antiquités romaines expliquées. *La Haye,* 1726. Un vol.
in-fol., fig., rel. en veau.

318 — Antichi monumenti per servire all' opera intitolata : l'I-
talia avanti il dominio dei Romani. *Firenze,* 1810. Un vol.
in-fol. cart.

319 — Choix de paysages gravés à l'eau-forte, par *Vieringen,*

Herman Veyen, Tempesta, Piranesi, et M. *Bourgeois.* Quatre-vingt-dix pièces réunies dans un vol. in-4° cart.

320 — OEuvre de Weirotter, peintre allemand, contenant près de deux cents paysages et ruines, dessinés d'apr. nature, tant en France qu'en Italie, et gravés à l'eau-forte avec beaucoup de goût par lui-même. *Paris, Basan,* S. D. Un vol. in-fol. cart.

321 — OEuvres de Salomon Gessner, traduites de l'allemand ; *Zuric,* l'auteur, 1777, 2 vol. in-4°, v. rac., fig. à l'eau-forte, par *Gessner.*

322 — Copies de pièces rares de différens maîtres, et décrites dans les vol. 4 et 5 du peintre-graveur, par *Adam Batsch. Vienne,* 1805; 16 pl., 2 livraisons in-4°.

323 — Stratégie militaire. *Paris,* 1546; un vol. petit in-fol. ; rel. en vel. bl., fig. en bois.

324 — Histoire romaine de Tite-Live, représentée en fig. gravées en bois par Jost Aman, 1572. Un vol. in-8° obl., rel. en vel. bl., 104 planches.

325 — *L'OEuvre de Chalons,* portraits, têtes de fantaisies, gravées par cet amateur, à l'imitation de Rembrandt, en 1788 et suivantes. 95 planches.

326 — Recueil de dessins de différentes écoles, fidèlement gravées par M. Hazard, amateur, d'après des originaux de même grandeur, tirés de la collection. Un vol. in-folio, demi-rel., 78 pl.

327 — Le paradis, le purgatoire et l'enfer du Dante, gravés au trait d'apr. Flaxman, édition italienne. Un vol. in-fol. obl., br.

528 — Figures de différens caractères, paysages et études, d'apr. nature, par A. Watteau, gravés à l'eau-forte par les plus habiles graveurs du temps, et tirés des plus beaux cabinets de Paris. Un vol. in-fol., v. j., 349 pl.

329 — *OEuvre de Caylus,* gravé d'apr. les dessins et composi-

Gillot, et autres maîtres italiens et français. Un vol. in-folio, v., 137 pl.

550 — Ornemens par *Saint-Non*, 13 pièces, fleurons, vignettes et sujets divers, par Chauveau, Brebiette et Vattelet, 40 pièces ; costumes par *Sanby*, peintre anglais, 28 pièces. En tout 81 pièces contenues dans un vol. in-fol.

551 — Paysages et vues diverses par Rousseau, Bechon, Baudouin, Leclerc, Cochin, Silvestre, et paysages d'apr. Francisque, par Thiboust, etc. Soixante-douze pièces dans un vol. in-fol.

552 — Soixante-treize sujets divers, composés et gravés à l'eau-forte par S. Bourdon et Loir. Un vol. in-fol., cart.

553 — Suite de vases et ornemens antiques, plusieurs d'apr. les dessins de Polydore, par *Gallestruzzi*, 24 pl.; suite de vases inventés et gravés par *Bossi*, 31 pl.; sujets divers, ornemens inventés et gravés par Fragonard, 16 pl.; les douze mois de l'année, d'apr. les dessins de *Laffite*. Quatre-vingt-neuf pièces dans un vol. in-4° cart.

554 — Plan de Paris et ses faubourgs, par Roussel. Un vol. cart.

555 — Vies et œuvres des peintres célèbres de toutes les écoles, par Landon. *Paris*. L'auteur, 1811, dix-neuf vol. in-fol. pap. vél., fig. avant la lettre. — Raphaël, huit vol.; le Poussin, quatre vol.; Michel-Ange, deux vol.; Lesueur, deux vol.; le Dominiquin, trois vol.

556 — Tabl. de la vie de Jean de Matha, par Vanthulden, 24 pl.; suite des anges peints à fresque, par Le Guide, dans une loge du palais Mazarin, à Rome, et gravé par Cesio, huit pl.; la vie de saint Bruno, d'apr. Lesueur, par Chauveau, vingt-deux pl.; peinture du palais du T à Mantoue, d'apr. J. Romain, par S. Bartoli, neuf pl.; frises et ornemens, par Lagrenée jeune, seize pl. Le tout réuni dans un vol. in-4°., cart.

557 — Collection de paysages, d'apr. le Guaspre Poussin et Claude le Lorrain, par divers graveurs anglais. *Londres*, Boydell, 1801. Un vol. in-fol., demi-rel. Cinquante pl.

338 — Voyage pittoresque dans le boccage de la Vendée, ou
vues de Clisson et de ses environs, dessinées d'apr. nature,
par Thienon, et gravées par Piringer. Paris, Didot, 1817.
Un vol. in-4°., demi-rel., pap. vél., fig. (30); épr. avant la
lettre.

339 — Vues d'Italie, gravées à l'eau-forte, par M. *C. Bourgeois*. Quatre-vingt-seize pl. en un vol. in-fol., demi-rel.

340 — Peinture de P. de Cortone, au palais Pamphile. Un vol.
in-fol., demi-rel.

341 — Annales du Musée et de l'Ecole moderne des Beaux-
Arts, par Landon, partie ancienne. Les tomes 3, 5, 6, 8, 9,
11, 12, 14, 15, 16. Salon de 1808, 2 tom.; 1810, un vol.;
1812, deux vol.: en tout quatorze vol. br. — Et Vies et
OEuvres des peintres célèbres. — Le Corrège, 1er. vol.;
Lesueur, 1er. vol. — Deux vol. in-4°. cart.

342 — Description de la grotte de Versailles. *Paris*, de l'im-
primerie royale, 1679. Un vol. in-fol., v. brun, fig.

343 — Ichtyologie ou Histoire naturelle, générale et particu-
lière des Poissons, avec fig. enluminées, dessinées d'ap. nature par M. E. Bloch. *Berlin*, l'auteur, 1788. Six parties
contenant chacune 36 pl., 6 vol. in-fol. cart.

345 — Atlas historique, ou Nouvelle Introduction à l'histoire,
à la chronologie et à la géographie ancienne et moderne,
représenté par des cartes, par Gueudeville. Un vol. in-
fol., fig., rel. en v.

346 — Vue topographique de villes et châteaux d'Allemagne,
et d'autres pays du nord. Un vol. in-fol. obl., demi-rel.,
fig. gravées par *Aveelen*, 1709.

347 — Les œuvres d'architecture d'Antoine de Pautre. *Paris*,
Jombert. Un vol. petit in-fol., v. br., fig.

348 — Planches pour la Physiologie de Camper. *Paris*, Jansen,
1803. Un vol. in-fol., cart., fig. (34).

349 — Cent trente-cinq pièces, d'après les tableaux des trois
écoles et antiquités qui ornent le Musée de Paris; sujets
d'histoire, sujets de genre, paysages, statues et bas-reliefs

...tions d'Annibal Carrache, Grimaldi, Le Titien, Watteau,
...gravés par les meilleurs graveurs français et étrangers; le
...tout contenu dans un vol. gr. in-fol., demi-rel., dos de
m. r.

350 — Collection de cent vingt estampes gravées d'apr. les
tabl. et dessins qui composaient le cabinet de M. Poulain.
Paris, Basan, 1781. Un vol. in-4°. cart.

351 — Cent treize pièces, d'après les tableaux des trois écoles
qui faisaient partie de l'ancienne Galerie d'Orléans.

352 — Deux cent huit pièces, d'apr. les tabl. et statues du
Musée de France, détachées du Musée *Filhol*. Épr. tirées
petit in-fol.

353 — Cent pièces, sujets d'histoire, de genre et paysages,
personnages historiques et fabuleux, gravés d'apr. les tabl.
des trois écoles; statues et bas-reliefs qui ornent le Musée
Royal en France, par différens artistes français et étrangers.
Ces est. faisant partie du Musée Français, publié par *Robillard*, *Peronville* et *Laurent*: la plupart sont épr. avant la
lettre. Cet article sera divisé.

354 — Caricatures de *J. Isabey*. *Paris*, 1818. Un cahier in-4°.
de douze pl. coloriées; ex. signé de l'auteur.

355 — Soixante pièces, monumens, architecture et ornemens.

356 — Le Musée français, par *Robillard Péronville* et *Laurent*,
4 vol. gr in-fol., dem.-rel., dos de m. r., non rognés.

357 — Compendiosa totius Anatomiæ delineatio ære exarata,
per *Th. Geminum. Londini*, 1545. Un vol. in-fol., fig., rel.
en vél. bl.

358 — Cent quarante-neuf pièces de tous genres, sujets de
l'Histoire sacrée, de l'Histoire profane, charges, caricatures,
pièces historiques sur la révolution française, etc. Cet
article sera divisé.

359 — Sujets et paysages, d'apr. P. de Cortonne, Berghem;

vues de Rome, d'apr. Smith, et jardins anglais. Huit pièces gravées par F. et Th. Vivarès.

360 — Paysages et marines, d'ap. Smith, Mortimer, West; gravés par Byrne, Browne et autres graveurs anglais. Vingt-une pièces.

361 — Vingt-un vol. in-fol. et in-4°., demi-rel., contenant du pap. blanc et de couleur, seront divisés sous ce numéro.

362 — Sous ce numéro seront vendues des estampes par et d'après les maîtres des diverses écoles d'Italie, de Flandre et de France; double des estampes décrites au catalogue, et tous les articles omis.

ARTICLES OMIS.

363 — Vues d'Italie, de Suisse, d'Espagne, de France et d'autres pays. Cent trente pièces détachées de divers ouvrages.

364* — Daphnis et Chloé, d'après le tableau de M. Hersent, par M. *Laugier*; épr. av. l. l.

365* — Cybèle sur son char, d'apr. un dessin de J. Romain (18). Pièce gr. par le *Maître au dé*; anc. épr. av. l'adresse d'*Ant. Salamanca*.

366* — Combat à coups de ceste, entre Darès et Entelle, d'ap. un dessin de Raphaël (195). Anc. ép. avec *Ant. Salamanca*.

367* — Sainte Geneviève (63), par *Albert Durer*. Très-belle épr. du cabinet *Mariette*.

368* — La tabagie, d'apr. Ostade, par *C. Wischer*. Pièce dite les Patineurs; anc. épr.

369* Portrait de J. Breughels, gr. à l'eau-forte par *A Vandick*; anc. épr. de l'édit. de G. H.